Wilhelm Busch
Max und Moritz

Niederländische Nachdichtung
und Nachwort von
Rien van den Broek

Philipp Reclam jun. Stuttgart

RECLAMS UNIVERSAL-BIBLIOTHEK Nr. 18819

Gesamtherstellung: Reclam, Ditzingen. Printed in Germany 2011
RECLAM, UNIVERSAL-BIBLIOTHEK und
RECLAMS UNIVERSAL-BIBLIOTHEK sind eingetragene Marken
der Philipp Reclam jun. GmbH & Co. KG, Stuttgart
ISBN 978-3-15-018819-4

www.reclam.de

Max en Maurits

Een kwajongensverhaal in zeven streken

Voorwoord

Jongens – hoor je vaak vertellen –
Schoppen keet of trappen rellen.
Net als deze twee kornuiten,
Max en Maurits, die schavuiten,

Die, in plaats van goed te leren
En van 't kwaad zich te bekeren,
Vaak nog om hun streken lachten
En steeds weer wat nieuws bedachten. –
Ja, ja, tot baldadigheid
Zijn de heren steeds bereid!
Lekker pesten en vervelen,
Appels, peren, pruimen stelen,
Daarmee heb je veel meer gein
Dan met lief en aardig zijn,
En op school of in de kerk
Te zitten op je achterwerk –
Meestal loopt het wél slecht af,
En op de zonde volgt de straf. –
Dat geldt ook voor deze gasten:

Na de lust kwamen de lasten. –
Dus is hier wat zij bedreven
Uitgebeeld en ook beschreven.

Eerste streek

Kippen zijn een rijk bezit.
En het voordeel is ook dit,
Dat ze eieren produceren
Die de mens kan consumeren,
En dat men zo nu en dan
Ook een boutje eten kan.
Verder – het is haast te mooi! –
Benut men ook hun vedertooi:
Onder een dekbed vol met veren
Kan de kou je niet meer deren. –

Juffrouw Bolt, een weduwvrouw,
Die had ook het land aan kou.

Hier zie je haar kippen staan,
Aan het hoofd een trotse haan. –
Max en Maurits, steeds paraat,
Zinnen al op kattenkwaad. –

Vliegensvlug gaan ze nu beiden
Even brood in stukken snijden;
In vier delen gaat het brood,
Voor elk diertje even groot,
En die binden ze nu gauw
Kruiselings aan een stukje touw,

Voor de kippen als een val.
En jawel, daar heb je 't al! –

Nauwelijks ziet de haan het brood,
Of hij kraait al, purperrood:
"Kukeleku, kukukeleku!"
Hé! Wat zien de kippen nu?

Van de honger buiten zinnen
Schrokken ze het brood naar binnen.

Maar o jé, wat is dat gek!
Niemand kan meer van z'n plek!

Met geweldig veel misbaar
Vliegen ze hier door elkaar,

Hangen fladderend in de lucht,
Bang en voor de dood beducht.

Oei, ze blijven in een lange
Dorre tak verstrengeld hangen. –
En hun hals die wordt steeds langer,
Hun gezang klingt alsmaar banger.

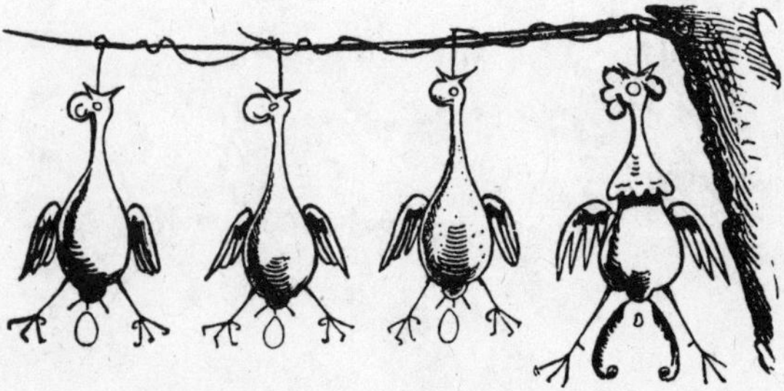

Een laatste ei in hoge nood,
En dan zijn de kippen dood. –

Juffrouw Bolt die hoort in huis
Heel veel herrie en gedruis.

Angstig loopt ze naar de tuin.
Ach!, haar toekomst ligt in puin!

“Tranen, neemt uw vrije loop,
Al mijn wensen, al mijn hoop,
Ja, mijn schoonste toekomstdroom
Hangt aan deze appelboom!”
Treurig haalt de oude bes
Nu het grote keukenmes,

Om hen, die van het leven scheidden
Van de boomtak af te snijden.

En door 't leed totaal van zinnen
Loopt ze schreiend weer naar binnen.

Dit was 't eerste kattenkwaad
Lees maar hoe het verder gaat.

Tweede streek

Toen vrouw Bolt weer was bedaard
Dacht zij – praktisch steeds van aard –,
Ook al deed het haar veel pijn,
Dat het toch wel goed zou zijn,
Om de doden die – ach heden! –
Zo jong waren overleden,
En die zij nooit zou vergeten,
Toch maar lekker op te eten. –
O, wat was haar droefheid groot,
Toen ze daar zo naakt en bloot,
Kaalgeplukt te wachten lagen.
Zij, die eens in betere dagen,
Toen ze vrolijk leven mochten,
Kakelend naar voedsel zochten. –

’t Oudje is wéér van de kook.
Kees de hond, die ziet het ook.

Max en Maurits zijn al boven,
Want ze hebben iets opgesnoven.

Als ze door de schoorsteen kijken,
Zien ze reeds de kippenlijken,
Die, van kop en strot ontdaan,
Pruttelend op het vuurtje staan.

Juffrouw Bolt die krijgt al zin
En loopt vlug de kelder in

Voor wat zuurkool uit het vat,
Die ze steeds in voorraad had,
En die haar het beste smaakt,
Als ze weer is warm gemaakt. –

Ondertussen gaan ze boven
Juffrouw Bolt een kooltje stoven.
Max, op alles steeds bedacht,
Heeft zijn hengel meegebracht.

Hupsakee, daar wordt al even
Snel een kip omhooggeheven.

Hupsakee, da's nummer twee,
En de derde werkt ook mee.
Dan de vierde ook nog maar.
Zo, dat is weer voor elkaar! –
Kees de hond heeft het gezien
En hij jankt en blaft voor tien.

Max en Maurits, zeer tevreden,
Zijn intussen al beneden,

Want daar komt vrouw Bolt weer aan. –
Stomverwonderd blijft ze staan
En kijkt naar de lege pan.
Ze begrijpt niet hoe dit kan:

Alle kippen zijn verdwenen.
"Kees!", gilt ze. Die neemt de benen.

"Lelijk ondier dat je bent!"
Schreeuwt de weduwe en rent

Met een lepel op hem af.
En nu krijgt het hondje straf.
Arme Kees! Hij jammert luid,
Want hij gaat geheel vrijuit.

Max en Maurits zijn al weg.
Kijk ze snurken bij de heg!
't Buikje is weer dik en rond,
'n Pootje steekt nog uit hun mond.

Dit was 't tweede kattenkwaad.
Lees maar hoe het verder gaat.

Derde streek

Bok, een vreselijk goeie vent,
Was in 't hele dorp bekend.

Kleding van een goede snit,
Die je altijd prima zit,
Leuke blazers, mooie pakken,
Jacks met lekker ruime zakken,
En nog vele andere zaken,
Die kon Bok fantastisch maken. –
Maar hij kon ook oude kleren
Heel erg kunstig repareren.
En als hij weer eens voor anderen
't Een of ander moest veranderen,
Hoe en waar en wat het was,
Aan een broek of aan een jas,
Bok die deed het met veel zwier,
Daarin had die man plezier. –
Daarom werd hij zeer bemind
En hield ieder hem te vrind. –
Max en Maurits niet. Zij vonden
Dat ze hem wel pesten konden.

Namelijk, pal voor Bok zijn huis
Stroomt een beek met zacht geruis.

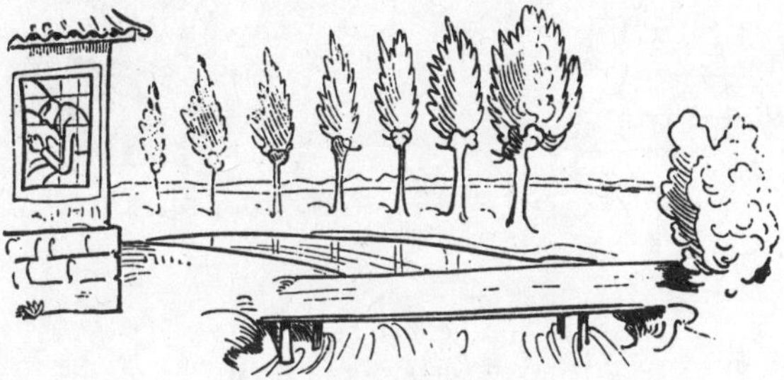

Over 't beekje ligt een vlonder,
En daar stroomt het water onder.

Max en Maurits, lang niet traag,
Zagen stiekem met een zaag,
Zoef, zoef, zoef, – 't is heel gemeen –
Een stukje door de vlonder heen.

Nauwelijks hebben ze dat klaar,
Of je hoort een groot misbaar:
“Kom eens buiten, ouwe gek!
Bokkie, bokkie, mek, mek, mek!”
Bok die kon een hoop verdragen
Zonder ooit één keer te klagen,
Maar vernam hij dat gedrein,
Nou, dan was het huis te klein!

Kijk, daar springt hij al warempel
Met zijn el over de drempel,

Want alweer – het is te gek! –
Klinkt het luidkeels: “Mek, mek, mek!”

Bok is uitermate vlug.
Hup, daar is hij op de brug.

Krakend gaat hij door de vlonder
En meteen ook kopje onder.

Als zich dat heeft voorgedaan,
Komen er twee ganzen aan.

Bok, in grote angst en nood,
Grijpt ze stevig bij een poot.

Met de ganzen in zijn hand,
Fladdert hij nu weer aan land.

Nou, dat was echt geen plezier!
't Resultaat, dat zie je hier:

Bok z'n maag – het is een ramp! –
Wordt geteisterd door de kramp.

Maar wat doet zijn wijze vrouw?
Ze pakt de stoomstrijkbout, en gauw
Wordt het lichaam warm gestreken
Tot de krampen zijn geweken.

In het dorp zei iedereen:
"Bok die is weer op de been!"

Dit was 't derde kattenkwaad.
Lees maar hoe het verder gaat.

Vierde streek

In de wet staat kort en goed
Dat een mens wat leren moet. –
Niet alleen het A B C
Maakt gelukkig en tevrêe,
Niet alleen in schrijven en lezen
Oefent ieder denkend wezen.
En ook niet alleen in 't rekenen,
Godsdienst, gymnastiek of tekenen.
Wijsheid is het hoogste goed
Dat de mens verwerven moet.

Dat dit gebeurde metterdaad,
Daar stond Lempel voor paraat. –

Max en Maurits, die twee vrinden,
Konden 'm dus niet aardig vinden.
Want wie streken uit wil halen,
Moet van onderwijzers balen.

Nu was, in alle eer en deugd,
't Roken Lempels grootste vreugd,
Wat je – 'k vind dat dat best mag –
Na het werk van alledag
Toch zo'n brave oude man
Wel van harte gunnen kan. –
Max en Maurits, onverdroten,
Zetten al weer iets op poten.
't Mikpunt van hun boze plan
Is de pijp van de oude man. –
Toen het weer eens zondag was,
En de meester – in zijn sas –

In de kerk op 't orgel speelde,
Wat de mensen nooit verveelde,
Gaan ze, 't plagen nimmer moe,
Stiekem naar zijn huisje toe,

Waar de pijp van Lempel stond.
Max die tilt hem van de grond.

Maurits echter, die schavuit,
Pakt meteen de bus met kruit
En tikt vrolijk, klop, klop, klop,
Alles in de pijpenkop. –
Vliegensvlug verdwijnen zij,
Want de kerkdienst is voorbij. –

Lempel, weer geheel gesticht,
Doet zojuist de kerkdeur dicht,

En met sleutel en muziek
Stapt de onderwijzer kwiek,

Nu het werk weer is gedaan,
Rechtstreeks op zijn woning aan.

Dankbaar en met vaste hand
Steekt hij daar zijn pijp in brand.

"Ach", zegt hij, "gezelligheid
Kent toch werkelijk geen tijd!"

Boem! De pijp die explodeert,
En er blijft niets ongedeerd:

Inktpot, glas en koffiekan
Staan geheel in vuur en vlam.
Kachel, stoel en pijptabak,
Alles ligt hier in de prak.

Als de rook is opgetrokken,
Zien we duidelijk de brokken.
Lempel leeft, maar vraag niet hoe.
Wat is die man er erg aan toe!

Handen, neus, gezicht en oren
Zijn zo zwart als bij de Moren,
En van de haren op zijn hoofd
Heeft het vuur hem ook beroofd.

Wie moet hier nu onderrichten
En des mensen geest verlichten?
Wie moet Lempels andere zaken
Nu voor hem in orde maken?
Waaruit moet hij voortaan roken?
Want zijn pijp die is gebroken.

Op den duur geneest er veel,
Maar die pijp wordt nooit meer heel.

Dit was 't vierde kattenkwaad.
Lees maar hoe het verder gaat.

Vijfde streek

Als je een oom hebt, moet je weten,
En je mag het nooit vergeten,
Dat je steeds beleefd moet zijn,
Want dat vindt je oom heel fijn. –
's Morgens zeg je: "Goede morgen!,
Als ik ergens voor kan zorgen?"
En dan breng je hem tevrêe
De krant, z'n pijp, een kopje thee. –
Heeft je oom het in zijn rug,
Dan masseer je hem heel vlug.
Zonder ook maar na te denken
Bedien je hem dus op zijn wenken. –
Als hij plotseling moet niezen,
Moet je geen moment verliezen,
Maar meteen "gezondheid!" wensen,
Want dat doen beleefde mensen. –
Keert hij huiswaarts, 's avonds laat,
Breng hem snel en accuraat
Slaapmuts, sloffen, kamerjas,
Want dan is hij in zijn sas. –
Altijd moet je vliegen en rennen
Om je oompje te verwennen. –

Max en Maurits, van hun kant,
Hadden daaraan knap het land. –
Nee, in plaats van te behagen
Gingen ze hun oompje plagen.

Als de meimaand is gekomen,
Komt er leven in de bomen.
Daarin vliegen dan de mei–
Kevers opgewekt en blij.

Max en Maurits, zielstevreden,
Schudden ze hier naar beneden,

En ze stoppen ieder dier
In een puntzak van papier.

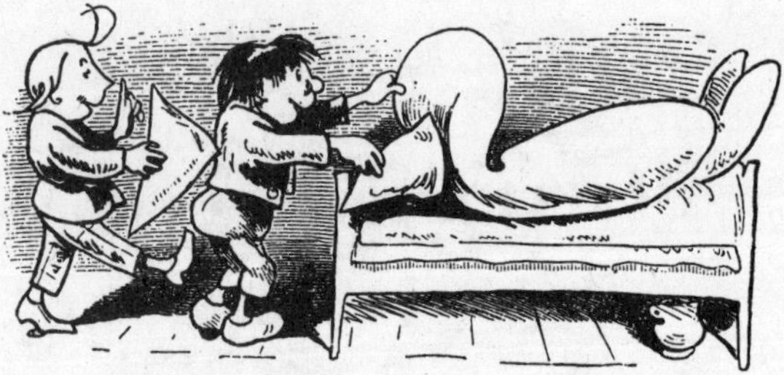

Snel worden ze uitgezet
Onderaan in oom z'n bed,

Kort voordat hij slapen gaat.
Daar stapt oom in nachtgewaad

In zijn bed, moet even gapen,
En dan gaat hij lekker slapen.

Maar de kevers, trippeltrap,
Naderen gezwind en rap.

Nummer één grijpt rigoreus
Oompje bij zijn grote neus.

“Hé!”, brult hij, “wat is dat hier?”
En hij grijpt het keverdier.

Dodelijk angstig en ontzet
Vliegt hij heen en weer in bed.

Gèt!, daar heeft hij er weer een
In zijn nek en op zijn been.

't Ongedierte vliegt rondom
Om hem heen met veel gebrom.

En oom Frits, in hoge nood,
Slaat en trapt hier alles dood.

Zie je wel!, nu is 't voorbij
Met die vreselijke stampij.

Oompje, van de schrik bekomen,
Ligt al lekker weer te dromen.

Dit was 't vijfde kattenkwaad.
Lees maar hoe het verder gaat.

Zesde streek

Als het vijf december wordt,
Komt de bakker tijd te kort.
Letters, koek en marsepein
Bakt hij dan voor groot en klein.
Max en Maurits die dat ruiken,
Wensen wel iets te gebruiken.

Maar de bakker, ook niet dom,
Draait de sleutel twee keer om.

Als hier iemand iets wil pakken,
Moet hij door de schoorsteen zakken.

Rang! Daar komen de twee boeven
Roetzwart door de schoorsteen zoeven,

En verdwijnen dan geheel
In een kist met bakkersmeel.

Opgewekt en wit bestoven
Komen ze alweer naar boven.

Hé, wat zien ze daar voor dingen?
Ja hoor!, het zijn krakelingen.

Krak! De stoel valt in elkaar,

En het deeg omhult het paar.

Neus en ogen zitten dicht,
Het is werkelijk geen gezicht! –

Groot is hier de toorn des bakkers
Bij 't ontwaren van de rakkers.

Een, twee, drie! Voordat je 't weet,
Zijn er broden van gekneed.

En de bakker, blij van zin,
Schuift ze vlug de oven in.

Zzzzjjjt, hij haalt ze uit de gloed,
Want ze zijn al helemaal goed. –

Die zijn vast niet meer in leven.
Dacht je? Kijk dan maar eens even:

Knibbel, knabbel, als twee muisjes
Eten zij zich uit hun huisjes.

En de bakker, heel ontdaan,
Ziet ze snel naar buiten gaan.

Dit was ’t zesde kattenkwaad.
Lees maar hoe het verder gaat.

Laatste streek

Maurits, Max, de maat is vol.
Jullie maakten het te dol!
Waarom moesten jullie beiden
Gaten in die zakken snijden?

Kijk, daar gaat ons boertje Makke
Met één van zijn korenzakken.

Hij is nauwelijks bij de deur,
Of het graan stroomt door de scheur.

En met een verbaasd gezicht
Zegt hij: "Barst, wat wordt dat licht!"

Ah!, Wat ziet hij in het koren?
Max en Maurits zijn verloren!

Hup! Hij stopt het boevenpak
In zijn grote korenzak.

Nu zitten ze op hete kolen,
Want de boer loopt naar de molen. –

“Kijk eens molenaar, pak an!
Maal dit maar, zo vlug je kan.”

“Kom maar op! Geen flauwekul!,
In de trechter met dat spul!” –

En met heel veel leedvermaak
Luistert men naar het gekraak.

Hier kun je de beide lijken
Nog in korrelvorm bekijken,

Waar ze op de houten vloer
Tenonder gaan als kippenvoer.

Slot

Iedereen wist het al gauw,
Maar er was geen spoor van rouw. –
Juffrouw Bolt, steeds mild en zacht,
Zei: "Ik had het wel gedacht!"
"Ja, ja, ja", riep Bok verheugd,
"Kwaaddoen schenkt geen levensvreugd!"
Daarop sprak ook meester Lempel:
"Dit is weer eens een exempel!"
"Ja, ja", zei de bakker traag,
"Waarom snoepten ze ook zo graag?"
Zelfs oom Frits, die goeie man,
Sprak: "Dat heb je d'r nou van!"
Maar de brave buitenman
Dacht: "Och, wat geet mi dat an!"
Kort en goed, in heel 't gehucht
Zei men blij en opgelucht:
»God zij dank, daar zijn we af.
Eindelijk hebben ze hun straf!"

Anhang

Max und Moritz

Vorwort

Ach, was muss man oft von bösen
Kindern hören oder lesen!!
Wie zum Beispiel hier von diesen,
Welche Max und Moritz hießen;
Die, anstatt durch weise Lehren
Sich zum Guten zu bekehren,
Oftmals noch darüber lachten
Und sich heimlich lustig machten. –
– Ja, zur Übeltätigkeit,
Ja, dazu ist man bereit! –
– Menschen necken, Tiere quälen,
Äpfel, Birnen, Zwetschen stehlen – –
Das ist freilich angenehmer
Und dazu auch viel bequemer,
Als in Kirche oder Schule
Festzusitzen auf dem Stuhle. –
– Aber wehe, wehe, wehe!
Wenn ich auf das Ende sehe!! –
– Ach, das war ein schlimmes Ding,
Wie es Max und Moritz ging.
– Drum ist hier, was sie getrieben,
Abgemalt und aufgeschrieben.

Erster Streich

Mancher gibt sich viele Müh
Mit dem lieben Federvieh;
Einesteils der Eier wegen,
Welche diese Vögel legen,
Zweitens: weil man dann und wann
Einen Braten essen kann;

Drittens aber nimmt man auch
Ihre Federn zum Gebrauch
In die Kissen und die Pfühle,
Denn man liegt nicht gerne kühle. –
Seht, da ist die Witwe Bolte,
Die das auch nicht gerne wollte.
Ihrer Hühner waren drei
Und ein stolzer Hahn dabei. –
Max und Moritz dachten nun:
Was ist hier jetzt wohl zu tun? –
– Ganz geschwinde, eins, zwei, drei,
Schneiden sie sich Brot entzwei,
In vier Teile, jedes Stück
Wie ein kleiner Finger dick.
Diese binden sie an Fäden,
Übers Kreuz, ein Stück an jeden,
Und verlegen sie genau
In den Hof der guten Frau. –
Kaum hat dies der Hahn gesehen,
Fängt er auch schon an zu krähen:
Kikeriki! Kikikerikih!! –
Tak tak tak! – da kommen sie.
Hahn und Hühner schlucken munter
Jedes ein Stück Brot hinunter;
Aber als sie sich besinnen,
Konnte keines recht von hinnen.
In die Kreuz und in die Quer
Reißen sie sich hin und her,
Flattern auf und in die Höh,
Ach herrje, herrjemine!
Ach, sie bleiben an dem langen
Dürren Ast des Baumes hangen. –
– Und ihr Hals wird lang und länger,
Ihr Gesang wird bang und bänger;
Jedes legt noch schnell ein Ei,
Und dann kommt der Tod herbei. –

Witwe Bolte, in der Kammer,
Hört im Bette diesen Jammer;
Ahnungsvoll tritt sie heraus:
Ach, was war das für ein Graus!
»Fließet aus dem Aug, ihr Tränen!
All mein Hoffen, all mein Sehnen,
Meines Lebens schönster Traum
Hängt an diesem Apfelbaum!!«
Tiefbetrübt und sorgenschwer
Kriegt sie jetzt das Messer her;
Nimmt die Toten von den Strängen,
Dass sie so nicht länger hängen,
Und mit stummem Trauerblick
Kehrt sie in ihr Haus zurück. –

Dieses war der erste Streich,
Doch der zweite folgt sogleich.

Zweiter Streich

Als die gute Witwe Bolte
Sich von ihrem Schmerz erholte,
Dachte sie so hin und her,
Dass es wohl das beste wär,
Die Verstorbnen, die hienieden
Schon so frühe abgeschieden,
Ganz im stillen und in Ehren
Gut gebraten zu verzehren. –
– Freilich war die Trauer groß,
Als sie nun so nackt und bloß
Abgerupft am Herde lagen,
Sie, die einst in schönen Tagen
Bald im Hofe, bald im Garten
Lebensfroh im Sande scharrten. –
Ach, Frau Bolte weint aufs Neu,
Und der Spitz steht auch dabei.

Max und Moritz rochen dieses;
»Schnell aufs Dach gekrochen!« hieß es.
Durch den Schornstein mit Vergnügen
Sehen sie die Hühner liegen,
Die schon ohne Kopf und Gurgeln
Lieblich in der Pfanne schmurgeln. –
Eben geht mit einem Teller
Witwe Bolte in den Keller,
Dass sie von dem Sauerkohle
Eine Portion sich hole,
Wofür sie besonders schwärmt,
Wenn er wieder aufgewärmt. –
– Unterdessen auf dem Dache
Ist man tätig bei der Sache.
Max hat schon mit Vorbedacht
Eine Angel mitgebracht. –
Schnupdiwup! da wird nach oben
Schon ein Huhn heraufgehoben.
Schnupdiwup! jetzt Numro zwei;
Schnupdiwup! jetzt Numro drei;
Und jetzt kommt noch Numro vier:
Schnupdiwup! dich haben wir!! –
– Zwar der Spitz sah es genau,
Und er bellt: Rawau! Rawau!
Aber schon sind sie ganz munter
Fort und von dem Dach herunter. –
– Na! Das wird Spektakel geben,
Denn Frau Bolte kommt soeben;
Angewurzelt stand sie da,
Als sie nach der Pfanne sah.
Alle Hühner waren fort –
»Spitz!!« – das war ihr erstes Wort. –
»Oh, du Spitz, du Ungetüm!! –
Aber wart! ich komme ihm!!!«
Mit dem Löffel, groß und schwer,
Geht es über Spitzen her;

Laut ertönt sein Wehgeschrei,
Denn er fühlt sich schuldenfrei. –
– Max und Moritz, im Verstecke,
Schnarchen aber an der Hecke,
Und vom ganzen Hühnerschmaus
Guckt nur noch ein Bein heraus. –

Dieses war der zweite Streich,
Doch der dritte folgt sogleich.

Dritter Streich

Jedermann im Dorfe kannte
Einen, der sich Böck benannte. –
– Alltagsröcke, Sonntagsröcke,
Lange Hosen, spitze Fräcke,
Westen mit bequemen Taschen,
Warme Mäntel und Gamaschen –
Alle diese Kleidungssachen
Wusste Schneider Böck zu machen. –
– Oder wäre was zu flicken,
Abzuschneiden, anzustücken,
Oder gar ein Knopf der Hose
Abgerissen oder lose –
Wie und wo und was es sei,
Hinten, vorne, einerlei –
Alles macht der Meister Böck,
Denn das ist sein Lebenszweck. –
– Drum so hat in der Gemeinde
Jedermann ihn gern zum Freunde. –
Aber Max und Moritz dachten,
Wie sie ihn verdrießlich machten. –
Nämlich vor des Meisters Hause
Floss ein Wasser mit Gebrause.
Übers Wasser führt ein Steg
Und darüber geht der Weg. –

Max und Moritz, gar nicht träge,
Sägen heimlich mit der Säge,
Ritzeratze! voller Tücke,
In die Brücke eine Lücke. –
Als nun diese Tat vorbei,
Hört man plötzlich ein Geschrei:
»He, heraus! du Ziegen-Böck!
Schneider, Schneider, meck meck meck!!« –
– Alles konnte Böck ertragen,
Ohne nur ein Wort zu sagen;
Aber wenn er dies erfuhr,
Ging's ihm wider die Natur. –
Schnelle springt er mit der Elle
Über seines Hauses Schwelle,
Denn schon wieder ihm zum Schreck
Tönt ein lautes: »Meck, meck, meck!!«
Und schon ist er auf der Brücke,
Kracks! die Brücke bricht in Stücke;
Wieder tönt es: »Meck, meck, meck!«
Plumps! da ist der Schneider weg!
Grad als dieses vorgekommen,
Kommt ein Gänsepaar geschwommen,
Welches Böck in Todeshast
Krampfhaft bei den Beinen fasst.
Beide Gänse in der Hand,
Flattert er auf trocknes Land. –
Übrigens bei alledem
Ist so etwas nicht bequem;
Wie denn Böck von der Geschichte
Auch das Magendrücken kriegte.
Hoch ist hier Frau Böck zu preisen!
Denn ein heißes Bügeleisen,
Auf den kalten Leib gebracht,
Hat es wieder gut gemacht. –
– Bald im Dorf hinauf, hinunter,
Hieß es: Böck ist wieder munter!!

Dieses war der dritte Streich,
Doch der vierte folgt sogleich.

Vierter Streich

Also lautet ein Beschluss:
Dass der Mensch was lernen muss. –
– Nicht allein das A-B-C
Bringt den Menschen in die Höh;
Nicht allein im Schreiben, Lesen
Übt sich ein vernünftig Wesen;
Nicht allein in Rechnungssachen
Soll der Mensch sich Mühe machen;
Sondern auch der Weisheit Lehren
Muss man mit Vergnügen hören. –
Dass dies mit Verstand geschah,
War Herr Lehrer Lämpel da. –
– Max und Moritz, diese beiden,
Mochten ihn darum nicht leiden;
Denn wer böse Streiche macht,
Gibt nicht auf den Lehrer acht. –
Nun war dieser brave Lehrer
Von dem Tobak ein Verehrer,
Was man ohne alle Frage
Nach des Tages Müh und Plage
Einem guten alten Mann
Auch von Herzen gönnen kann. –
– Max und Moritz, unverdrossen,
Sinnen aber schon auf Possen,
Ob vermittelst seiner Pfeifen
Dieser Mann nicht anzugreifen. –
– Einstens, als es Sonntag wieder
Und Herr Lämpel, brav und bieder,
In der Kirche mit Gefühle
Saß vor seinem Orgelspiele,

Schlichen sich die bösen Buben
In sein Haus und seine Stuben,
Wo die Meerschaumpfeife stand;
Max hält sie in seiner Hand;
Aber Moritz aus der Tasche
Zieht die Flintenpulverflasche,
Und geschwinde, stopf, stopf, stopf!
Pulver in den Pfeifenkopf. –
Jetzt nur still und schnell nach Haus,
Denn schon ist die Kirche aus. –
– Eben schließt in sanfter Ruh
Lämpel seine Kirche zu;
Und mit Buch und Notenheften,
Nach besorgten Amtsgeschäften
Lenkt er freudig seine Schritte
Zu der heimatlichen Hütte,
Und voll Dankbarkeit sodann
Zündet er sein Pfeifchen an.
»Ach!« – spricht er – »die größte Freud
Ist doch die Zufriedenheit!!!«
Rums!! – da geht die Pfeife los
Mit Getöse, schrecklich groß.
Kaffeetopf und Wasserglas,
Tobaksdose, Tintenfass,
Ofen, Tisch und Sorgensitz –
Alles fliegt im Pulverblitz. –
Als der Dampf sich nun erhob,
Sieht man Lämpel, der gottlob!
Lebend auf dem Rücken liegt;
Doch er hat was abgekriegt.
Nase, Hand, Gesicht und Ohren
Sind so schwarz als wie die Mohren,
Und des Haares letzter Schopf
Ist verbrannt bis auf den Kopf. –
Wer soll nun die Kinder lehren
Und die Wissenschaft vermehren?

Wer soll nun für Lämpel leiten
Seine Amtestätigkeiten?
Woraus soll der Lehrer rauchen,
Wenn die Pfeife nicht zu brauchen??
Mit der Zeit wird alles heil,
Nur die Pfeife hat ihr Teil. –

Dieses war der vierte Streich,
Doch der fünfte folgt sogleich.

Fünfter Streich

Wer in Dorfe oder Stadt
Einen Onkel wohnen hat,
Der sei höflich und bescheiden,
Denn das mag der Onkel leiden. –
– Morgens sagt man: »Guten Morgen!
Haben Sie was zu besorgen?«
Bringt ihm, was er haben muss:
Zeitung, Pfeife, Fidibus. –
Oder sollt es wo im Rücken
Drücken, beißen oder zwicken,
Gleich ist man mit Freudigkeit
Dienstbeflissen und bereit. –
Oder sei's nach einer Prise,
Dass der Onkel heftig niese,
Ruft man »Prosit!« allsogleich,
»Danke, wohl bekomm es Euch!« –
Oder kommt er spät nach Haus,
Zieht man ihm die Stiefel aus,
Holt Pantoffel, Schlafrock, Mütze,
Dass er nicht im Kalten sitze –
Kurz, man ist darauf bedacht,
Was dem Onkel Freude macht. –
– Max und Moritz ihrerseits
Fanden darin keinen Reiz. –

Denkt euch nur, welch schlechten Witz
Machten sie mit Onkel Fritz! –
Jeder weiß, was so ein Mai-
Käfer für ein Vogel sei. –
In den Bäumen hin und her
Fliegt und kriecht und krabbelt er.
Max und Moritz, immer munter,
Schütteln sie vom Baum herunter.
In die Tüte von Papiere
Sperren sie die Krabbeltiere. –
Fort damit, und in die Ecke
Unter Onkel Fritzens Decke!
Bald zu Bett geht Onkel Fritze
In der spitzen Zipfelmütze;
Seine Augen macht er zu,
Hüllt sich ein und schläft in Ruh.
Doch die Käfer, kritze kratze!
Kommen schnell aus der Matratze.
Schon fasst einer, der voran,
Onkel Fritzens Nase an.
»Bau!!« – schreit er – »Was ist das hier?!!«
Und erfasst das Ungetier.
Und den Onkel, voller Grausen,
Sieht man aus dem Bette sausen.
»Autsch!!« – Schon wieder hat er einen
Im Genicke, an den Beinen;
Hin und her und rund herum
Kriecht es, fliegt es mit Gebrumm.
Onkel Fritz, in dieser Not,
Haut und trampelt alles tot.
Guckste wohl! Jetzt ist's vorbei
Mit der Käferkrabbelei!!
Onkel Fritz hat wieder Ruh
Und macht seine Augen zu. –
Dieses war der fünfte Streich,
Doch der sechste folgt sogleich.

Sechster Streich

In der schönen Osterzeit,
Wenn die frommen Bäckersleut,
Viele süße Zuckersachen
Backen und zurechtemachen,
Wünschten Max und Moritz auch
Sich so etwas zum Gebrauch. –
Doch der Bäcker, mit Bedacht,
Hat das Backhaus zugemacht.
Also, will hier einer stehlen,
Muss er durch den Schlot sich quälen. –
Ratsch!! – Da kommen die zwei Knaben
Durch den Schornstein, schwarz wie Raben.
Puff!! – Sie fallen in die Kist,
Wo das Mehl darinnen ist.
Da! Nun sind sie alle beide
Rund herum so weiß wie Kreide.
Aber schon mit viel Vergnügen
Sehen sie die Brezeln liegen.
Knacks!! – Da bricht der Stuhl entzwei;
Schwapp!! – Da liegen sie im Brei.
Ganz von Kuchenteig umhüllt
Stehn sie da als Jammerbild. –
Gleich erscheint der Meister Bäcker
Und bemerkt die Zuckerlecker.
Eins, zwei, drei! – eh man's gedacht,
Sind zwei Brote draus gemacht.
In dem Ofen glüht es noch –
Ruff!! – damit ins Ofenloch!
Ruff!! – man zieht sie aus der Glut –
Denn nun sind sie braun und gut. –
– Jeder denkt, »die sind perdü!«
Aber nein! – noch leben sie! –
Knusper, knasper! – wie zwei Mäuse

Fressen sie durch das Gehäuse;
Und der Meister Bäcker schrie:
»Achherrje! da laufen sie!!« –

Dieses war der sechste Streich,
Doch der letzte folgt sogleich.

Letzter Streich

Max und Moritz, wehe euch!
Jetzt kommt euer letzter Streich! –
Wozu müssen auch die beiden
Löcher in die Säcke schneiden?? –
– Seht, da trägt der Bauer Mecke
Einen seiner Maltersäcke. –
Aber kaum dass er von hinnen,
Fängt das Korn schon an zu rinnen.
Und verwundert steht und spricht er:
»Zapperment! Dat Ding werd lichter!«
Hei! Da sieht er voller Freude
Max und Moritz im Getreide.
Rabs!! – in seinen großen Sack
Schaufelt er das Lumpenpack.
Max und Moritz wird es schwüle,
Denn nun geht es nach der Mühle. –
»Meister Müller, he, heran!
Mahl' Er das, so schnell Er kann!«
»Her damit!!« – Und in den Trichter
Schüttelt er die Bösewichter. –
Rickeracke! Rickeracke!
Geht die Mühle mit Geknacke.
Hier kann man sie noch erblicken
Fein geschroten und in Stücken.
Doch sogleich verzehret sie
Meister Müllers Federvieh.

Schluss

Als man dies im Dorf erfuhr,
War von Trauer keine Spur. –
– Witwe Bolte, mild und weich,
Sprach: »Sieh da, ich dacht es gleich!« –
– »Ja ja ja« rief Meister Böck –
»Bosheit ist kein Lebenszweck!« –
– Drauf so sprach Herr Lehrer Lämpel:
»Dies ist wieder ein Exempel!« –
– »Freilich!« meint der Zuckerbäcker –
»Warum ist der Mensch so lecker?!« –
– Selbst der gute Onkel Fritze
Sprach: »Das kommt von dumme Witze!« –
– Doch der brave Bauersmann
Dachte: »Wat geiht meck dat an?!« –
– Kurz, im ganzen Dorf herum
Ging ein freudiges Gebrumm:
»Gott sei Dank! Nun ist's vorbei
Mit der Übeltäterei!!«

Der deutsche Text folgt der Ausgabe: Wilhelm Busch: Max und Moritz. Nachw. von Willi Huntemann. Stuttgart: Reclam, 2002. (Universal-Bibliothek. 18218.)

Nachwort

Fast fünfzig Jahre nach der Geburt der beiden bösen Buben im Jahre 1865 erschien die erste niederländische *Max und Moritz*-Übersetzung unter dem Titel *De streken van Jan en Piet*. Der Text des anonymen Übersetzers ist durch eine ausgesprochen weitschweifige Darstellungsweise gekennzeichnet. Das wird deutlich schon am Beginn des ersten Streichs, wo Busch die verschiedenen Verwendungsmöglichkeiten für Hühner auf höchst anschauliche Weise kurz und knapp in zehn Versen schildert (»Mancher gibt sich viele Müh' / Mit dem lieben Federvieh …«). Der Übersetzer braucht dafür sechzehn Zeilen und unterbricht seine Ausführung dreimal mit vollkommen überflüssigen Zwischenbemerkungen wie »Daar gij dit zeker alreeds weet«, »Ge weet het zeker allen toch« und »Dit weet gij ook wel, naar ik gis«, die sich nur rückversichern, dass der Leser das ohnehin schon weiß. Insgesamt übertrifft der Umfang der niederländischen Fassung den des deutschen Originals mit mehr als zehn Prozent. Auch die Wortwahl verrät nicht gerade eine große Begabung. Man vergleiche etwa einige Verse im zweiten Streich, wo Max und Moritz die Hühner der Witwe Bolte schlachten und die brave Frau ihren tiefen Schmerz zum Ausdruck bringt: »Ach, Frau Bolte weint aufs Neu / Und der Spitz steht auch dabei.« Die niederländische Version bietet folgende merkwürdige Übersetzung: »En vrouw Plat weende overluid, / Dat het klonk de woning uit.« (›Und Frau Plat weinte überlaut, / Dass es zur Wohnung hinausschallte.‹)

Ein manchmal seltsam anmutendes Idiom und mehrere Satzentgleisungen sollen oft auf krampfhafte Weise Metrum und Reim aufrechterhalten. Der bei Busch am Schluss eines jeden Streiches neues Unheil ankündigende Kehrreim (»Dieses war der …te Streich / Doch der …te folgt sogleich«) ist im niederländischen Text überhaupt nicht vorhanden. Eine wichtige inhaltliche Abweichung bietet außerdem der Schluss des vierten Streichs, wo die von Busch so treffend hervorgehobene Unentbehrlichkeit von Meister Lämpel (»Wer soll nun die Kinder lehren / Und die Wissenschaft vermehren?«) gar nicht zur Sprache kommt.

Von ganz anderer Qualität ist dagegen die aus den 1920er Jahren stammende Übersetzung von Tom van Buul. Sprache und Stil sind von einem derartigen Niveau, dass sie fast überall an das Original heranreichen. Sogar in der Namengebung bleibt der Verfasser seiner Vorlage möglichst treu. Nur der Bauer Mecke wurde des Reimes wegen in den Bauern Verhage umgetauft.

Obwohl der in den Niederlanden vielgelesene Dichter Bertus Aafjes in einem Lexikon der modernen niederländischen Literatur als »ein Sprachvirtuose mit einer Liebe zur Schlichtheit und Natürlichkeit« bezeichnet wird, ist davon in seiner 1948 zum erstenmal erschienenen *Max und Moritz*-Bearbeitung wenig zu spüren. Im Gegensatz zu Wilhelm Busch, der sich der damaligen Alltagssprache bedient, greift Aafjes immer wieder zu einem äußerst altertümlichen und feierlichen Niederländisch, was bereits aus dem Vorwort ersichtlich ist:

Ach hoe dikwijls moet men snaken
Om hun schelmenstukken laken!
Maar het knapenpaar hieronder
Lake men in het bijzonder:
Max en Maurits is hun naam
En men ziet hen hier tesaam.

(›Ach wie oft muss man Lausbuben / Wegen ihrer Schelmenstücke tadeln! / Doch dieses Knabenpaar / Tadle man ganz besonders: / Max und Moritz heißen sie / Und man sieht sie hier zusammen.‹)

In dieser Manier geht es dann weiter, wobei der Dichter auf der Suche nach einem Reimwort oft zu erstaunlichen Formulierungen gelangt, wie zum Beispiel »Door elkaar en door elkander / Trekt de een en rukt de ander« (»In die Kreuz und in die Quer / Reißen sie sich hin und her«). Komischerweise wird die Lücke in der Brücke vor dem Haus von Schneider Böck eine *snede* (›Schnitt‹) genannt und dreht der Bäcker im sechsten Streich nicht den Schlüssel, sondern das *slot* (›Türschloss‹) der Bäckereitür dreimal um. Dass auch das Publikum die Leistung des Dichters als ausgesprochen mager qualifizierte, geht aus der Tatsache hervor, dass die Publikation in wöchentlichen Lieferungen in *Elseviers Weekblad* in den 1960er Jahren auf die Bitte unzufriedener Leser eingestellt wurde. Die Buchausgabe erlebte trotzdem drei Auflagen mit 17000 verkauften Exemplaren!

Noch schlimmer ist es um die Anfang der 1980er Jahre erschienene Übersetzung von David Hartsema bestellt. Wie bei Aafjes, so dienen auch Hartsemas absonderliche Sprachkapriolen meistens dazu, sein dichterisches Unvermögen zu verhüllen. Es begegnen, um nur einige Beispiele zu geben, folgende Verse: »Nu en dan geeft het bestaan / Een gebraden kip of haan« oder »[maar toen] / De koekepan leek leeggesporteld / Stond zij aan de grond geworteld.« Was soll man übrigens verstehen unter *vesten met precieze zakken* (genauen statt ›bequemen Taschen‹) oder unter *suikerlatten* (Zuckerstangen statt ›Zuckerlecker‹)? Einmal versagen sogar des Dichters Kenntnisse seiner Muttersprache, wenn er die Liebe der Witwe Bolte zum Sauerkraut in Worte zu fassen sucht: »Want wat zuurkool, dat denkt zij, / Smaakt hier ausgezeichnet bij.« Abgesehen davon, dass das Metrum häufig nicht stimmt, steht Hartsema auch relativ oft mit dem Reim auf Kriegsfuß. Das beweisen u. a. folgende Schnitzer: »'t Brood was wel een vinger dik / Voor de haan en elke kip«; »Toen de vrouw finaal van streek / Weer haar ogen opendeed«; »Nee, beslist, het is niet niks / Wat ze deden met oom Frits«; »Maar dan komt de meesterbakker / En bemerkt de suikerlatten«.

Einen beträchtlichen Fortschritt bildet die Übersetzung von Gerrit Komrij, die am 19. November 1978 in einer Sendung des niederländischen Fernsehens rezitiert, aber leider niemals veröffentlicht wurde. Lobenswert ist vor allem die Sprache, die der heutigen Alltagssprache sehr nahesteht. Ein schönes Beispiel dafür liefert der Schluss des zweiten Streichs, wo die Spitzbuben sich nach dem Verspeisen der gebratenen Hühner vollkommen gesättigt hinlegen. Man vergleiche den Text von Wilhelm Busch mit dem von Komrij:

Max und Moritz im Verstecke
Schnarchen aber an der Hecke
Und vom ganzen Hühnerschmaus
Guckt nur noch ein Bein heraus.

En intussen in een hoekje
Van het lommer bolt het broekje
Van de twee gemene schurken.
Hoor eens aan, hoe luid ze snurken!
Uit hun mond steekt nog een pootje,
Maar de rest is naar zijn grootje.

Auch die gekonnten Enjambements – ein ebenfalls von Busch virtuos gehandhabtes Stilmittel – sind besonders erwähnenswert. Um so bedauernswerter ist es, dass auch Komrij ziemlich nachlässig mit dem Reim umgeht. Einige Entgleisungen, die man einem Dichter wie Komrij nicht zumuten würde, sind: »Daarom staan hier al hun streken' / Genoteerd en opgetekend«; »Kijk! Nu heeft de grootste rakker / 't Puntje van ooms neus te pakken«; »En o wee, daar is de bakker / En ontdekt de beide rakkers«; »Zelfs hun eigen oompje Sjaak / Sprak ›Ze hebben goed gesmaakt!‹« Schade ist es auch, dass das Wortspiel mit dem

Namen des Schneiders Böck und der von Max und Moritz verwendeten Provokation »meck, meck, meck!« verlorengeht. Der Mann heißt jetzt *snijder Fijn* und wird von den Bösewichten *zwijn* geschimpft.

Die vorliegende Nachdichtung erschien 1985, zusammen mit dem deutschen Original und einer 1939 als Abschiedsgabe für seinen Freund, den Deutschlehrer Tom Verdenius, entstandenen, bis dahin niemals veröffentlichten Übersetzung in die Groninger Mundart von Geert Teis. Der Grund für die Anfertigung der sechsten niederländischen Version war die Tatsache, dass der Kluitman Verlag den für diesen Sammelband geplanten Text von van Buul nicht zur Publikation freigeben wollte und man die Qualität der anderen niederländischen Bearbeitungen als unzureichend empfand. Eine zweite, ebenfalls im Groninger Dialekt verfasste Übersetzung von Jan Klompsma war bereits 1980 erschienen.

Ermittlungen im Archiv des vom Reichskommissar für die besetzten Niederlande gegründeten nationalsozialistischen Verlags Westland in Amsterdam ergaben, dass dort eine *Max und Moritz*-Übersetzung geplant war, deren Erscheinen jedoch wegen der Auflösung des Verlags im Jahre 1944 nicht mehr realisiert werden konnte. Dass die übrigens virtuose und äußerst produktive Busch-Übersetzerin Wilhelmina van 't Woud – sie übersetzte in den Jahren 1943–44 neun Bildergeschichten! – ihre *Max und Moritz*-Bearbeitung vielleicht schon im Manuskript vorliegen hatte, ist natürlich keineswegs auszuschließen.

Die niederländische Übersetzung hält sich im Großen und Ganzen an ihre deutsche Vorlage. Nur zweimal liegt eine größere Abweichung vor. So wird der Fidibus im fünften Streich durch ein »kopje thee« (eine Tasse Tee) ersetzt, und zwar deshalb, weil der Fidibus sich schwerlich ins Niederländische übertragen lässt und die für das holländische Wohlbefinden unentbehrliche allmorgendliche

Tasse Tee hier eine gute Alternative bildet. Im sechsten Streich findet das Eindringen in die Bäckerei nicht »in der schönen Osterzeit«, sondern Anfang Dezember statt, weil die niederländischen Kinder am Nikolaustag (5. Dezember) reichlich mit allerhand Süßigkeiten beschenkt werden, während die »süßen Zuckersachen« in Holland beim Osterfest kaum eine Rolle spielen.

Rien van den Broek

Literatur

Wilhelm Busch: De streken van Jan en Piet. Naar het Duitsche ›Max und Moritz‹. Heerenveen: Uitgevers-Maatschappij Hepkema, 1912.

Wilhelm Busch: Max en Maurits. Een jongenshistorie in zeven streken, naar de 81ste uitgave bewerkt door T. van Buul. Alkmaar: Gebroeders Kluitman, 1922.

Wilhelm Busch: Max en Maurits, voor Nederland opnieuw bewerkt door Bertus Aafjes. Utrecht: Bruna, 1948, ²1965, ³1977.

Wilhelm Busch: Max en Maurits. Vertaald door Gerrit Komrij. Manuskript, 1978.

Max en Maurits, zeuven maalstreken van twei deugenaiten, noar 't Duuts van Wilhelm Busch ien 't Grunnegers van 't Hogelaand overzet deur Jan Klompsma. Groningen: Uitgeverij Stabo, 1980.

Wilhelm Busch: Max en Moritz. Een kwajongensverhaal in zeven streken, vertaald door David Hartsema. [Erschienen in acht Lieferungen in der Zeitschrift *De Nije*, 1981–82.]

Rien van den Broek: Max en Maurits in de Lage Landen. In: De Gids 146/1 (1983) S. 65–71.

Rien van den Broek: Wilhelm Busch in Holland. Wirkung und Verbreitung seiner Werke. In: Duitse Kroniek 34/2 (1984) S. 1–28.

Klaos en Krizze (vrij nao Max und Moritz van Wilhelm Busch) deur Geert Teis Pzn veur zien vrund Tom bie dei zien aofschaaid van aal dei aander ›kwaojongers‹ 15 juli '39 – Max und Moritz von Wilhelm Busch – Max en Maurits door Rien van den Broek. Haren: Stichting 't Grunneger Bouk, 1985.

Rien van den Broek: Max en Maurits: een hoogbejaarde bestseller in Nederland. In: De Boekenwereld 8/2 (Dezember 1991).

Inhalt

Max en Maurits

Anhang